SILVANA ALASIA

ORACLE DES DIEUX ÉGYPTIENS

Intuitives
ÉDITIONS

Titre original : *Egyptian Gods Oracle Cards*
Publié pour la première fois par Lo Scarabeo

Traduit de l'anglais par Stéphanie Chaut

Maquette et mise en pages : PCA CMB

ISBN : 978-2-38297-054-6

www.editions-tredaniel.com
info@guytredaniel.fr
www.facebook.com/editions.tredaniel

collection
LO SCARABEO

SOMMAIRE

ORACLE DES DIEUX ÉGYPTIENS

Le royaume des cieux est en nous,
et quiconque se connaît soi-même le trouvera.

INTRODUCTION

Le coffret que vous avez entre les mains contient 36 cartes représentant les divinités égyptiennes les plus importantes et les plus caractéristiques de cette culture antique. Chaque portrait a été peint directement sur du papyrus confectionné selon l'ancienne méthode de séchage égyptienne.

Il s'agit là de cartes particulièrement puissantes, car elles ont le pouvoir de communiquer directement avec leur interlocuteur. Chaque déesse, chaque dieu est porteur d'un message très précis : une leçon de sagesse, l'avertissement d'un danger, un conseil ou l'assurance d'une protection. Chacun d'eux nous aide aussi à redécouvrir nos racines dans le passé, et à donner un sens à notre situation actuelle, ainsi qu'une structure à notre avenir.

Il faut toutefois préciser que l'oracle ne pourra aider que ceux qui se connaissent, qui ont conscience de leurs peurs, de leurs limites et de leurs aptitudes, ceux qui sont prêts à prendre leurs responsabilités, car « chaque être humain est l'artisan de sa propre destinée. »

L'ORACLE

L'oracle apparaît lorsque l'on entre en contact avec les divinités, qui sont extrêmement puissantes quand on les invoque. C'est pourquoi il est essentiel de les respecter, de les écouter, parfois même de les craindre. C'est par l'écoute et l'ouverture du cœur que nous recevrons les réponses les plus sages et les plus adéquates.

La spiritualité de l'Égypte antique est facilement reconnaissable à son aura de mystère.

Netjer, le hiéroglyphe signifiant « dieu », symbolise l'instrument par lequel une force qui n'est pas directement visible se manifeste, la survenue de ses effets révélant ainsi sa nature. L'oracle apparaît lorsque le dévot (l'interlocuteur) entre en contact avec la divinité, qui révèle alors son existence. Mais qu'il soit ou non invoqué, le dieu est présent.

Les Égyptiens s'entouraient d'un grand nombre de divinités : on connaît le nom d'environ 1 500 d'entre elles. La communication avec les dieux était confiée au clergé, composé de prêtres et de prêtresses dont le but, par leurs fonctions sacrées, était d'attirer la bienveillance divine sur les affaires humaines.

LA CRÉATION DU MONDE

Au commencement était le chaos.

L'esprit du Créateur dormait dans les profondeurs de l'Océan primordial, l'énergie cosmique de Noun (la partie masculine) et de Nounet (la partie féminine). De ces eaux, naquit une petite colline sur laquelle se posa un phénix, créateur du monde : Rê, le Soleil, « père de tous les dieux ».

Amon-Rê est né de la fusion du dieu Rê avec la principale divinité thébaine, Amon. Tenant son phallus dans sa main, il répandit sa semence, donnant vie aux jumeaux Shou, dieu de l'air, et Tefnout, déesse de l'humidité. Nout, déesse du ciel et de la naissance, et Geb, dieu de la terre, sont nés de ces jumeaux. Fous amoureux, Geb et Nout passaient leur temps dans les bras l'un de l'autre, empêchant la vie de germer. Amon-Rê ordonna alors à Shou de les séparer : il marcha sur Geb et, de ses mains, souleva Nout. C'est ainsi que cette dernière est toujours représentée arquée, s'agrippant à Geb de ses mains et de ses pieds. Geb et Nout donnèrent naissance à Osiris, dieu de l'au-delà et de la force fertilisante, à Isis, déesse de l'amour divin et de la force génératrice, à Seth, dieu de la pluie et des orages, et à Nephtys, sœur d'Isis qui le soutient dans ses œuvres. D'Osiris et de Nephtys naquit ensuite un enfant illégitime : Anubis, dieu et gardien du royaume des morts.

C'est ainsi que par l'imitation des organisations royales humaines naquit l'Ennéade, un ensemble de neuf divinités à la base de la cosmogonie égyptienne, composée d'Amon-Rê et de quatre couples de dieux : Shou et Tefnout, Geb et Nout, Osiris et Isis, et Seth et Nephtys. Il y avait aussi une petite ennéade, composée d'Anubis, d'Horus, dieu et seigneur des cieux, de Thot, dieu de la connaissance et de l'écriture, et de Maât, déesse de la vérité et de la justice ; cette petite Ennéade s'ajoute, ou parfois se substitue, à la précédente.

Les divinités étaient souvent associées à des animaux locaux : la vache, dont le lait était indispensable à la vie humaine et qui remplissait le rôle de mère de l'humanité, ou encore le taureau et le bélier, associés aux forces viriles. On vénérait le bœuf Apis, très utile pour toutes sortes de travaux, mais aussi le chat, qui exterminait les souris infestant le pays, le singe, l'hippopotame, le scorpion, le lion, le serpent et le crocodile. Le faucon, qui volait haut dans le ciel et observait la Terre de ses yeux perçants, devint un symbole du soleil. Il prit une telle importance et joua un rôle si prépondérant qu'après la quatrième dynastie, on appelait le pharaon : « fils de Rê ».

C'est ainsi que le panthéon égyptien est formé de divinités anthropozoomorphes masculines et féminines, qui personnifient des phénomènes naturels, des événements ou des concepts importants.

PROPOSITIONS DE TIRAGE

La pyramide

Cette méthode convient à ceux qui souhaitent un tirage axé principalement sur le travail, les affaires et les relations publiques.

Mélangez les cartes en pensant à une question précise.

Coupez le jeu et disposez les cinq premières cartes, face cachée, en forme de pyramide, comme indiqué sur le schéma.

La première carte représente la situation actuelle.
La deuxième met en évidence le problème sous-jacent.
La troisième suggère ce qui doit être accompli pour améliorer la situation.
La quatrième indique une aide éventuelle ou renvoie à des personnes concernées.
La cinquième éclaire sur le résultat final.

Les relations

Cette méthode concerne vos relations actuelles, que ce soit au travail avec votre employeur ou vos collègues, ou avec un ami, un proche ou votre partenaire, si vous voulez clarifier un sujet particulier.

Battez les cartes en pensant à une question précise, puis disposez-les face cachée en formant un grand arc de cercle.

Choisissez instinctivement quatre cartes et placez-les comme indiqué sur le schéma de la page précédente.

La première carte vous représente, et montre comment vous contribuez à la situation.
La deuxième représente l'autre personne et sa propre contribution à la relation.
La troisième est la somme des deux énergies.
La quatrième symbolise la compréhension de cette relation et l'intuition.

L'existence

Ce tirage se concentre sur votre vie actuelle. Le présent est le produit des actions passées. L'avenir peut encore être créé, car il dépend des directions que vous prendrez.

Battez les cartes puis disposez-les face cachée en formant un grand arc de cercle.

Choisissez instinctivement trois cartes dans le paquet et placez-les comme indiqué sur le schéma ci-contre.

La première carte représente l'esprit et l'ensemble des pensées qui conditionnent souvent nos actions.
La deuxième symbolise le cœur et les impressions les plus spirituelles que nous percevons.
La troisième est la partie instinctive de l'être humain, tout ce que nous sommes capables d'accomplir de façon irraisonnée et impulsive.

CARTES DES DIVINITÉS

1

RÊ

L'éveil

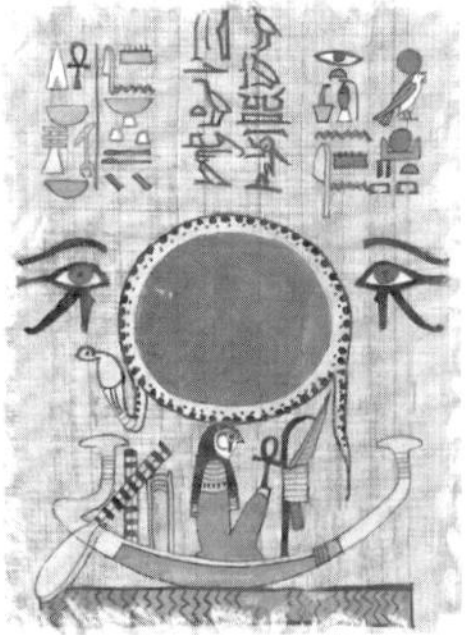

Principale divinité du soleil, « celui qui se lève, qui monte haut dans le ciel », dont la lumière et la chaleur offrent la vie et l'abondance. Son symbole est l'Œil de Rê, également associé à la signification du « troisième œil ». L'énergie de Rê est l'énergie vitale, la source de croissance créatrice. Rê inspire la clarté et la transparence. Il n'y a rien à craindre sous son influence : il vous aide à guérir les blessures et à retrouver, par l'action, une harmonie perdue. Il vous conseille surtout de vous défaire des subterfuges de la Lune et d'agir au grand jour, en faisant preuve d'audace.

2
AMON-RÊ
La création

Voici la divinité cosmique la plus puissante, le roi de tous les dieux du panthéon égyptien. Amon-Rê est né de la fusion du dieu Rê d'Héliopolis avec la principale divinité thébaine, Amon. Il est le créateur de toutes choses. Symbole d'intelligence et de créativité, il est comme le feu, rapide et souvent imprévisible. Si cette carte se manifeste à vous, vous avez toutes les compétences pour obtenir ce que vous voulez, tous les atouts à la fois matériels et intellectuels pour atteindre vos objectifs. L'apparition de ce dieu indique une période florissante, des compétences en matière de relations publiques, des idées et des intentions qui se concrétisent, peut-être même un coup de foudre, un nouveau départ ou une histoire d'amour qui prend forme.

3

SHOU
L'ordre et la paix

Dieu primordial, fils d'Amon-Rê, il personnifie l'air, le vent mais aussi la lumière qui a rompu l'obscurité primordiale. Son nom signifie « celui qui s'élève ». Shou est généralement représenté avec une plume d'autruche sur la tête, symbole de liberté et de pureté, l'air symbolisant le souffle de vie et la brise rafraîchissante. Cette carte vous conseille de faire preuve de plus de discipline. Essayez d'éviter les coups de tête impulsifs, émergeant de désirs et de passions. Le temps est venu d'alléger votre vie et de revenir à un équilibre. Ayez le sens des responsabilités face aux règles à respecter.

4

NOUT

La compréhension

Déesse du ciel et des corps célestes, elle avale le soleil couchant et lui donne naissance au matin. Son corps nu immense et couvert d'étoiles s'étire en une arche qui surplombe la terre entière. Sa position arquée montre clairement son pouvoir dans le ciel et sur les objets célestes. Sa nudité représente la purification de l'âme. Les étoiles qui la recouvrent symbolisent la résurrection, la grande lumière qui illumine tout ce qu'elle rencontre. Votre vie est un voyage mystérieux. Vous vous en rendez compte aujourd'hui, et Nout veut vous aider à comprendre votre but et votre destinée. Poursuivez avec confiance, car vous « savez » désormais que des événements favorables se profilent à l'horizon et que vous pouvez atteindre vos objectifs.

5

GEB
La prospérité

Dieu de la terre et de tous les animaux, il est généralement représenté couché sur le sol, avec des plantes et des fruits sur le corps, ou comme un homme barbu avec une oie sur la tête, rappelant le hiéroglyphe de son nom. Geb symbolise la richesse, la fertilité et l'abondance de la nature, mais aussi ses forces les plus redoutées. Avec Geb, vous pouvez vous assurer d'un développement lent mais constant, comme la concrétisation d'un projet ou l'aboutissement d'un programme. Vous pourriez éprouver des émotions extrêmement agréables, douces et tendres, empreintes d'un sentiment d'harmonie et d'intégrité morale.

6

OSIRIS

La mort et la renaissance

Fils aîné de Geb et de Nout, il est souvent représenté comme une momie à la peau noire ou verte, symbolisant la vie de la terre et de la végétation. Osiris est un Dieu juste et compatissant : il est le dieu de la souffrance, des victimes et des opprimés, et souffre à ce titre avec les mortels. Tout le pouvoir de la fertilité et de la reproduction réside en lui : c'est le cycle de la mort et de la renaissance. Son apparition présage la fin d'un cycle, d'une relation familiale ou amicale. Accueillez la situation avec confiance, même si elle vous est étrangère. Abandonnez l'ordre ancien. Et souvenez-vous toujours, quoi qu'il arrive, d'être reconnaissant pour votre vie, instant après instant. Ainsi seulement l'honneur et la chance seront-ils vos compagnons.

7
ISIS
La foi et la sagesse

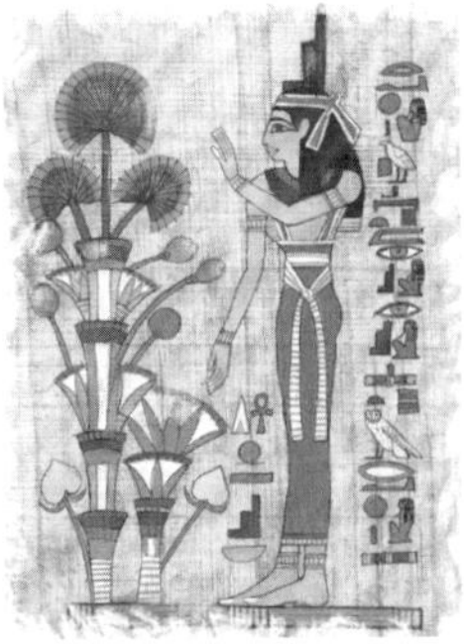

Sœur mais aussi épouse du dieu Osiris, elle symbolise la Déesse mère. Son nom signifie « trône » ; elle est d'ailleurs représentée avec une coiffe en forme de trône. On la vénère comme la mère ou l'épouse idéale. Elle est la protectrice des pêcheurs et des opprimés, mais aussi la déesse de la maternité, de la fertilité et de la magie. Porteuse de sérénité en amour, Isis vous invite à vous pencher sur les thèmes de la foi, de la connaissance, de la fidélité, de la pureté et du silence. Apprenez à garder les secrets et à avoir la foi. En gardant des secrets, vous apprendrez à protéger des savoirs, comme la connaissance secrète de la dualité entre l'univers matériel et l'univers spirituel, et à assumer de grandes responsabilités.

8

SETH

Le ressentiment

Seth est celui qui, par jalousie, a découpé son frère Osiris en quatorze morceaux, avant de les disperser dans le Nil pour empêcher sa résurrection. Il est considéré comme une divinité maléfique qui déclenche le chaos, la désertification, les troubles et les tempêtes, et est représenté avec un corps humain et la tête d'un animal énigmatique au long museau incurvé rappelant celui de l'okapi. Son nom provient des termes « lieu » et « placé » (par Dieu). Seth vous met en garde. Vous pourriez être victime d'un accident imprévisible, d'une certaine agitation, ou faire face à des ressentiments, des conflits ou de l'instabilité dans vos relations affectives ou professionnelles. Maintenez votre colère sous contrôle et rappelez-vous : ne vous adonnez jamais à la vengeance !

9

HORUS

La stabilité et l'équilibre

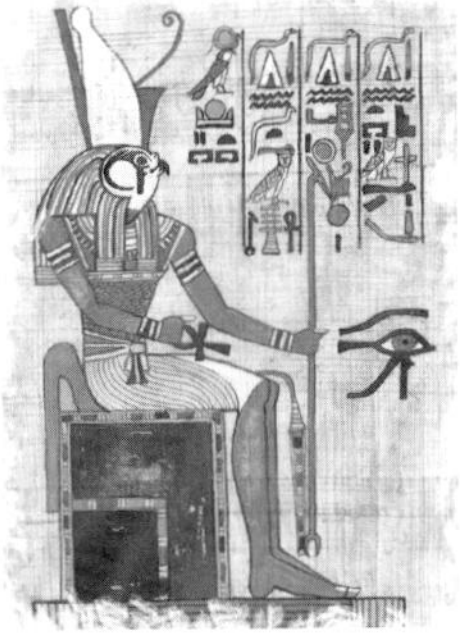

Horus est représenté comme un faucon ou un homme à tête de faucon. Son nom signifie « celui qui est loin », et désigne le faucon avec son vol majestueux et ses envols et descentes en piqué caractéristiques. Lors d'un affrontement avec le dieu Seth, Horus a perdu son œil gauche. Le dieu Toth l'a guéri, et on l'appelle depuis « Œil oudjat ». Horus représente l'ordre et l'harmonie universels. Faites-lui confiance, car malgré les apparences, tout est pour le mieux – comme dans le cas de la perte, certes douloureuse, de faux amis. Sur le plan physique, vous baignerez dans l'harmonie. Sa présence vous enjoint d'être plus attentif dans votre vie. Elle vous aide à transformer toute chose, pour l'amener à un niveau supérieur.

10

NEPHTYS

La méditation

Épouse de Seth et petite sœur d'Isis, elle est la déesse de l'au-delà, et de la mort en général. Son nom signifie « Dame de la demeure », car elle est la Maîtresse du Temple, la prêtresse. Elle représente la voie d'accès aux sanctuaires et à l'horizon. Nephtys protège les êtres humains et leur âme au moment de leur décès. Des obstacles, des pertes ou des événements douloureux peuvent survenir de manière inattendue et irréversible. Apprenez que toute situation peut être améliorée et pleinement transformée par la réflexion et la contemplation. Votre capacité à continuer à vous élever ne dépend que de votre conscience.

11

ANUBIS

La transformation

Il est le protecteur des tombes, l'embaumeur des défunts, accompagnant les âmes dans l'au-delà pour peser leur cœur et leur permettre de quitter le monde terrestre afin de rejoindre Osiris. Anubis est représenté comme un homme à tête de chacal. Il symbolise le renouvellement de la vie elle-même, la renaissance et la régénération. Un cycle s'achève bientôt, à moins que vous en commenciez déjà un nouveau. Vous êtes probablement confronté à des déceptions, à des pertes, à une rupture de liens affectifs. Ne vous inquiétez pas : Anubis vous accompagnera et vous guidera pendant cette transformation des éléments. Rien ne redeviendra comme avant, tout se transforme inévitablement. Vous devrez créer une nouvelle vie sous une nouvelle forme.

12

THOT

La plénitude

Divinité à forme humaine avec une tête d'ibis ou de babouin, dieu de la Lune, symbole de la sagesse, « Seigneur du Temps », il est le protecteur des scribes et l'inventeur de l'écriture, le dieu de la magie, de la clairvoyance et des lois. Il aide Anubis à juger les âmes et à décider de leur destin. Il vous est demandé de faire preuve d'autodiscipline, car c'est la clé du progrès. Apprenez à vous servir de ressources astucieuses si vous voulez mener à bien certaines entreprises. Apprenez à rester honnête et à rejeter les tendances immorales. Si vous souhaitez mener une vie intègre et juste, soyez impartial dans tout ce que vous faites.

13

MAÂT

La vérité et l'équité

Déesse de l'harmonie, de la justice et de la vérité, elle est généralement représentée comme une jeune femme avec des ailes ou tenant le sceptre du pouvoir, symbole de vie éternelle, et porte une plume d'autruche sur la tête, symbole de légèreté. Maât représente également l'ordre universel. Toute existence évolue en suivant le principe de justice, considéré comme une loi devant être respectée. C'est le moment de reprendre des forces, de récupérer. Peut-être recevrez-vous des récompenses pour des actions justes que vous avez commises, mais aussi des punitions et des rétributions de mauvaises actions. Rappelez-vous que le bonheur ne s'atteint que par l'équité, la droiture et la modération.

14

HATHOR
L'intelligence

Mère de toutes les femmes, elle est la déesse de l'amour, de la passion et de la beauté : ses fêtes sont des orgies d'ivresse, de joie et de musique. Hathor est aussi associée à la naissance, à l'accouchement et aux enfants. On la représente comme une jeune femme avec des cornes de vache sur la tête entourant un disque solaire, et c'est pourquoi on l'appelle également la « Vache divine ». Mais Hathor est aussi dotée d'un côté destructeur. Essayez de créer des situations agréables, et profitez pleinement des moments que vous vivez. En amour, Hathor aide à intensifier la sexualité, les sens, l'explosion de la vie et la manifestation de tout ce qui peut naître. Cette carte est une promesse d'abondance dans tous les domaines, surtout matériels.

15

PTAH

Le savoir-faire

Dieu et patron des artisans et des architectes ainsi que de la connaissance et du savoir-faire, Ptah est ingénieur, maçon, forgeron et artiste. On le représente sous la forme d'un homme momifié portant une barbe, tenant un sceptre surmonté d'une ânkh, symbole de la vie, et le bâton de pouvoir Djed, symbole de la stabilité. Ptah vous procure un état de concentration sans effort. En vous apportant de la légèreté et des compétences qui vous sont déjà familières, il vous permettra d'accomplir plus facilement toutes sortes d'actions. Sous son influence et grâce à une objectivité sereine, vous aurez la chance de transformer votre travail en jeu et de développer la puissance de l'esprit, la capacité à transformer les objets, ou celle d'éveiller les passions mais aussi de les dominer.

16

BASTET
La passion

Divinité féminine à tête de chat ou représentée sous la forme d'un chat noir, Bastet est une déesse du soleil et personnifie la chaleur bénéfique de cet astre. Protectrice de la maison et des chats, c'est aussi une déesse de la prospérité et de la richesse. Elle représente la sensualité et la tendresse, le charme et la générosité, l'amour et la passion, le désir et le plaisir. Peut-être devriez-vous faire une pause dans votre routine pour vous reconnecter à la nature et à vous-même. Menez votre vie plus pleinement et plus passionnément, en développant la séduction et la passion. Vous pourriez obtenir une grande satisfaction dans n'importe quel domaine de votre vie et vivre des moments pleins de joie et de félicité.

17

SEKHMET

La justice

Déesse à tête de lionne couronnée d'un disque solaire, Sekhmet est la divinité de la guerre et des épidémies, mais aussi la protectrice de diverses formes de médecine. Elle est l'expression de la dualité entre la maladie et la guérison, entre le chaos et l'ordre, entre l'eau et le feu, les deux éléments dont sont issus la matière et l'esprit. Sekhmet rétablit l'ordre et punit ceux qui transgressent les lois divines. Vous avez l'occasion de réconcilier les énergies opposées en vous. Rappelez-vous que l'on récolte ce que l'on sème. Chaque personne doit assumer les conséquences de ses actes, pour le meilleur comme pour le pire. Chaque action ou pensée a des conséquences dont il faut prendre conscience. Faites preuve de plus de calme et de patience dans votre vie. Évitez les extrêmes. Soyez votre propre magicien, et équilibrez votre volonté avec vos objectifs. Soyez juste et équitable. Apprenez à juger et à critiquer de manière constructive, mais sans intention de blesser les autres.

18

KHÉPRI

Le changement

Dieu de la renaissance quotidienne du soleil ainsi que du renouveau cyclique, Khépri, représenté par un scarabée, est aussi noir que les ténèbres, comme le commencement de toutes choses. Il symbolise la transformation de l'être humain dans ses différents passages (vie-mort-renaissance), la victoire de la lumière sur les ténèbres, de la vie sur la mort, le devenir, le pouvoir générateur symbole de renaissance. Son apparition pourrait annoncer la fin d'un cycle, une séparation, des déceptions ou une rupture affective. Mais tout est en constant changement, à l'instar du jour et de la nuit, et Khépri vous encourage à vous lever chaque matin avec la lumière de la foi et de l'espoir, car la nuit laisse toujours place à une aube nouvelle.

19

MOUT

Être ordinaire

Le nom de cette déesse signifie « mère », et elle est représentée comme une femme portant une coiffe d'or rappelant un vautour. Mout est la mère de toutes choses, et est associée aux eaux primordiales du dieu Noun, à partir desquelles tout ce qui existe dans le monde est né. Elle symbolise la création permanente. Elle permet la conservation de toutes choses. Mout vous offrira sa présence nécessaire si vous mettez tout votre cœur à œuvrer pour le bien de votre foyer et de votre famille. Ce n'est qu'en adoptant un comportement respectueux et une discipline quotidienne, avec enthousiasme et dévouement, que vous pourrez faciliter la production et l'accroissement des richesses, et en particulier des biens matériels.

20

KHONSOU

L'ermitage

Dieu de la lune, du temps et du savoir, son nom signifie « le voyageur », « le vagabond ». Khonsou est l'amiral des destinées humaines. Il est représenté sous la forme d'un jeune enfant momifié. Il personnifie la synthèse de la beauté et de la jeunesse, l'émerveillement et la spontanéité de l'enfance. Comme d'autres divinités enfantines, il symbolise le potentiel qui repose en chacun de nous. Soyez ouvert aux nouvelles idées et faites preuve de courage et d'audace en affrontant l'inconnu. Il y a une possibilité de voyage, qui vous éloignera de votre zone de confort. En amour, vous pourriez connaître un renouveau favorable.

21

KHNOUM

L'ingéniosité

Souvent représenté avec un corps humain et une tête de bélier, le dieu Khnoum est considéré comme le potier divin : il donne vie à ses créations en les fabricant avec l'argile du Nil. C'est aussi lui qui a façonné l'œuf de la création. Cette divinité est associée à la fertilité masculine et à la puissance procréatrice, au feu, inhérent au symbole du bélier. Comme il insuffle une nouvelle vie aux choses, on considère qu'il donne la santé. De nouveaux départs positifs ou la naissance de quelque chose de puissant et d'inspirant dans votre vie se profile à l'horizon, comme la création et la production de nouvelles œuvres. Sous l'influence de Khnoum, l'action et l'ingéniosité portent leurs fruits.

22

ANOUKET

L'espoir

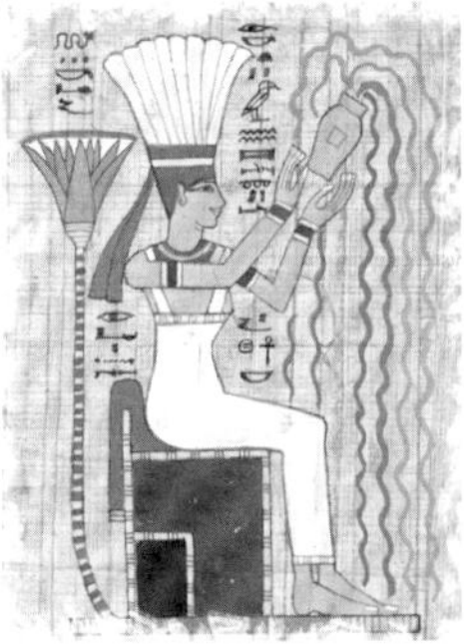

Elle est représentée sous la forme d'une femme portant sur sa tête une haute coiffe faite de roseaux ou en plumes d'autruche. Mais on la voit aussi parfois prendre la forme d'une gazelle. Déesse du Nil, elle est liée à ses crues, qui apportent nourriture, fertilité et prospérité à la terre. C'est de là que vient son nom : « celle qui entoure », son invasion des terres embrassant chaque être pour lui apporter fertilité et bonheur. Elle représente la générosité qui apporte la vie. Faites confiance à la protection d'Anouket, qui vous guidera et renforcera votre courage, vous donnera vigueur et espoir, même quand des renoncements et des sacrifices devront être faits. Rappelez-vous que l'espoir est au cœur de l'optimisme.

23
SOBEK
L'union et la puissance

Il s'agit d'une divinité ambivalente, à la fois malveillante et bienveillante. Sa férocité peut repousser le mal, mais aussi défendre l'innocent. Son nom provient du verbe « unir » (pour rappeler les membres découpés d'Osiris). Sobek est généralement représenté sous la forme d'un crocodile ou d'un homme à tête de crocodile. Il guérit les âmes blessées ou tuées dans les combats, leur rendant la santé, la vue et tous leurs sens. Il représente la force du pouvoir de décision et d'action ainsi que la réalisation de projets. Sous l'influence de Sobek, vous disposez d'une fondation solide sur laquelle bâtir de grandes entreprises. Ne vous arrêtez pas : vos efforts porteront leurs fruits et vous permettront de gagner en puissance.

24

TAOURET

La genèse

La déesse Taouret est la grande protectrice des femmes enceintes et des enfants. Elle veille sur eux même dans son sommeil. Déesse représentée sous les traits d'une hippopotame en gestation avec des seins de femme, elle est debout sur ses deux jambes et possède également une queue de crocodile. Elle est considérée comme la mère du soleil et collabore à sa renaissance quotidienne, tout en aidant les défunts à renaître dans une vie nouvelle. Elle symbolise tout ce qui conduit à la manifestation des choses et à leur apparition dans le monde terrestre. Vous pourriez démarrer de nouveaux projets, avoir de nouvelles ambitions ou apprendre bientôt des informations importantes sur un sujet qui vous touche particulièrement. Cette carte indique la naissance de quelque chose de nouveau dans votre vie. L'arrivée d'une nouvelle étape ou le commencement d'une relation inattendue : il peut s'agir d'une nouvelle relation, ou d'un lien qui se soude, comme un mariage avec l'être aimé.

25
HÂPY
Le renouveau

Il représente l'eau, élément liquide et turbulent. Il symbolise la fertilité de la terre, l'abondance des récoltes et la vie renouvelée par la crue annuelle du Nil, qui apporte faune et végétation : il est « le Seigneur des poissons, des oiseaux et des marais ». Hâpy est représenté comme un homme ayant un gros ventre et une forte poitrine de femme, symbole de fertilité. Suivez la lumière divine dans la direction des passions. Il est temps de vivre pleinement ce que le monde a à vous offrir. Suivez le courant et vivez plus intensément ! Hâpy annonce un renouveau, une vie nouvelle et de nouveaux chemins à emprunter. Vous pourriez bientôt faire fortune.

26

NEITH

La persévérance

Divinité unique, grande et mystérieuse, elle est la mère de l'Univers et du soleil Rê, qu'elle a conçus dans la virginité. Déesse guerrière et chasseuse, créatrice d'armes de guerre et gardienne des morts au combat, mais aussi protectrice de la paix au foyer et du tissage, c'est une divinité qui a tissé toute l'existence et le monde entier. Elle représente la détermination, les défis, l'intelligence et la connaissance de la vérité. Neith vous guide dans la réalisation d'un objectif. Ne perdez pas espoir. Neith vous incite à persévérer. Elle vous protégera si vous mettez tout votre cœur à travailler dur et intelligemment.

27

SATIS

La fécondité

Elle est représentée comme une femme portant la couronne de Haute-Égypte entourée de deux cornes de gazelle. Son nom vient de « celle qui verse », symbolisant ainsi les crues du Nil, ou de « celle qui court comme une flèche », pour rappeler le courant de la rivière. Elle représente en réalité les forces et phénomènes naturels. En tant que déesse de la fertilité, elle pourrait vous signaler le démarrage réussi d'un nouveau projet ou d'un nouvel emploi. Si vous êtes à la recherche de l'amour, Satis peut vous aider à voir vos souhaits se réaliser. Si vous êtes déjà dans une relation, elle peut vous apporter la stabilité, voire le mariage, car elle protège les nouveaux projets.

28

HEH

L'exploration

Il est représenté les bras levés, avec une branche de palmier dans chaque main et une troisième, plus petite, en guise de coiffe. On l'appelle « le dieu des millions d'années », car il est la personnification de l'infini ou de l'éternité : il accorde aux défunts « des millions d'années dans l'au-delà ». Il symbolise l'individualité et le désir de recherche intérieure. Si vous traversez une période de crise profonde, ayez la foi, acceptez ce qui est et prenez votre temps. Vous êtes destiné à évoluer. Cette évolution sera lente et profonde, et il faudra du temps pour que vous et les circonstances atteignez votre maturité. La lenteur vous conseille d'être prudent, réservé, discret et patient, et d'avoir le sens du devoir.

29

HÉKA

La force alchimique

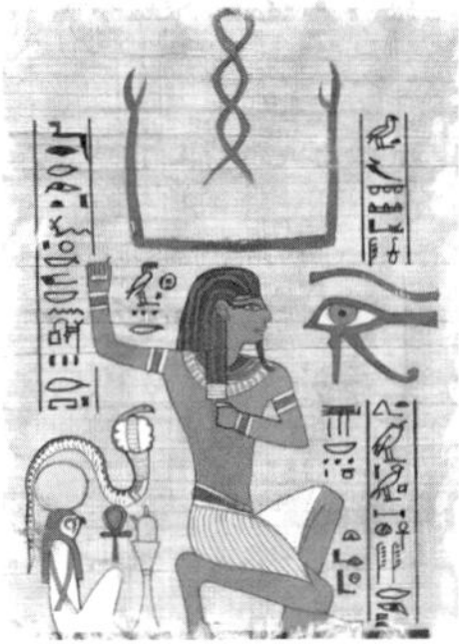

Héka est le dieu de la magie, mais aussi de la médecine curative. L'univers a été créé grâce à la magie, et la vie repose également sur elle. C'est un dieu qui n'a pas d'origine. Son nom signifie : « la première œuvre », car il est à l'origine de tout ce qui est sur Terre. Héka se révèle dans les sentiments les plus purs des êtres humains et s'exprime dans leur langue. Il octroie à tous la détermination qui permet de dominer ses peurs et la capacité à créer à partir de rien, comme l'alchimiste qui purifie les matériaux bruts pour les transformer en or. En vous donnant de la vitalité, de l'énergie, du magnétisme et une grande force à tous les niveaux, il vous permet de déployer vos talents, y compris ceux que vous ignoriez jusqu'alors.

Il vous est apparu pour vous donner la capacité de contrôler la situation dans toutes les directions afin d'avoir toujours un temps d'avance, ou de dominer tous les éléments pour être certain de parvenir à vos fins.

30
AMMOUT
La dévastation

Dieu des enfers et de l'au-delà, figure hybride d'un lion, d'un crocodile et d'un hippopotame, dévorant l'âme et le cœur de ceux qui ont commis des erreurs dans leur vie par excès d'orgueil, de prétention, d'avidité ou de soif de conquête, Ammout représente les conséquences d'erreurs passées. Il se peut que vous deviez faire face à un changement drastique et renoncer à un mode de vie auquel vous étiez habitué, que vous traversiez une crise avec votre partenaire, ou encore que vous souffriez d'une rupture douloureuse, s'accompagnant de l'effondrement de vos défenses. Mais tout peut être résolu si vous vous penchez dès que possible sur les solutions qui vous permettront d'opérer un changement positif et de modifier la situation. Vous pouvez guérir, et renaître de vos cendres comme le phénix. Changez de perspective et adoptez une nouvelle posture. Le destin n'est pas une fatalité et vos choix ont un impact sur votre vie future, suivez votre instinct pour que votre avenir corresponde à ce que vous désirez vraiment.

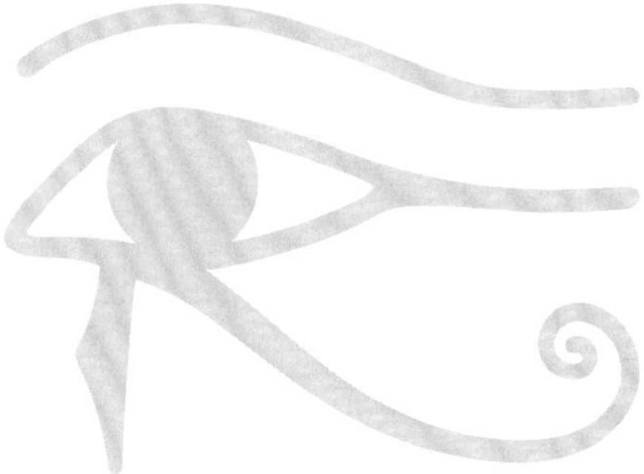

31

SESHAT

La sagesse

Son nom signifie « le scribe ». Divinité et professeure d'arithmétique, d'astronomie, d'astrologie et d'architecture, elle est représentée vêtue d'une robe de prêtresse en peau de léopard et portant sur la tête un bandeau soutenant une étoile à sept branches. Elle est la patronne des scribes et des bâtisseurs, la plus cultivée des divinités égyptiennes, et symbolise la manifestation de l'intelligence. Seshat se révèle à vous pour éclairer votre chemin de la connaissance sur le plan mental. Sa présence renforce votre courage, votre vivacité et votre espoir. Même si vous devez supporter des sacrifices et des renoncements, allez de l'avant et faites confiance à sa connaissance profonde.

32

MERTSEGER

La droiture

Son nom signifie « celle qui aime le silence ». Souvent représentée sous la forme d'un serpent à tête de femme, c'est une présence qui veille silencieusement et qui punit les malfaiteurs en les empoisonnant. Divinité d'une nature terrible mais miséricordieuse avec ses fidèles, elle condamne les sacrilèges et ceux qui brisent un serment, mais elle est tout aussi généreuse en pardonnant à ceux qui se repentent sincèrement. Elle symbolise l'autorité et l'intelligence, essentielles pour vivre pleinement sa vie dans la paix. Mertseger vous met en garde contre quelques personnes que vous connaissez mal, et qui pourraient faire preuve de cruauté, de malice, de tromperie et de conflit. Surveillez votre entourage sans rien dire, et restez vigilant.

33

SERKET

La guérison

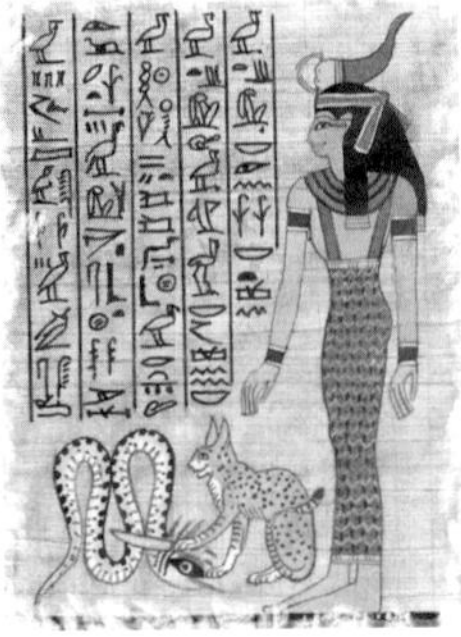

Déesse de la magie mais aussi des pouvoirs occultes, elle est souvent représentée comme une femme portant sur la tête un scorpion, son symbole de prédilection. Elle détient un pouvoir absolu sur toutes les créatures venimeuses, car comme elles, Serket représente à la fois le poison et l'antidote. À l'instar du scorpion, elle est un présage de mort et de renaissance perpétuelles, « celle qui donne le baiser de la mort et le souffle de la vie nouvelle ». Il faut franchir le seuil de la mort pour accéder à une nouvelle vie. Serket vous invite à reconnaître et à accepter la nature duelle, à la fois bénigne et maligne qui réside en chaque être humain. Apprenez à contrôler votre côté venimeux, en laissant s'exprimer cette partie de vous qui a la capacité de guérir. Prenez le temps de visualiser le bon et le mauvais en toute chose avant de prendre une décision importante. Chaque être humain est doté de qualités et de défauts et c'est cette dualité qui crée notre personnalité et nous rend uniques.

34

APOPHIS

Les ténèbres

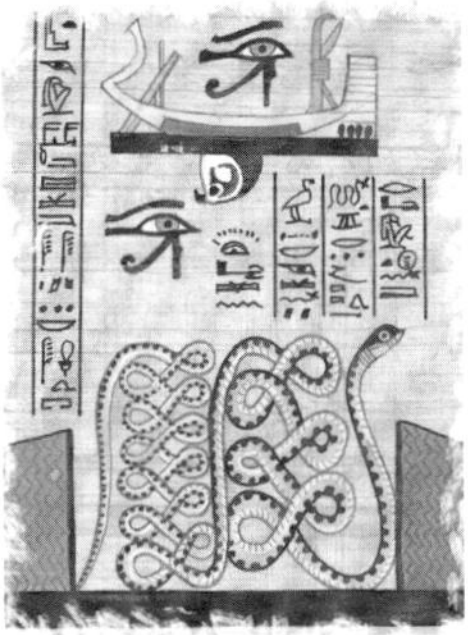

Représenté sous la forme d'un gigantesque python vivant dans les entrailles de la terre qui ne sont jamais atteintes par la lumière du soleil, Apophis est l'incarnation des ténèbres, du mal et du chaos. Obscur ennemi du dieu du soleil Rê, porteur de lumière, il est présent à chaque étape du voyage céleste de Rê, de l'aube au crépuscule, pour lui faire obstacle. Mais l'existence d'Apophis est nécessaire à l'équilibre du monde : l'affrontement ancestral entre le bien et le mal, la lutte entre deux énergies opposées avec le risque d'un non-retour. Apophis menace votre équilibre intérieur. Si vous vivez dans l'aveuglement, le chemin que vous empruntez est contraire à celui qu'il vous faudrait suivre pour mener une vie heureuse et épanouie. Inversez immédiatement votre course et faites le vide en vous afin de pouvoir recevoir des forces extérieures, qui vous aideront à retrouver le droit chemin sur lequel vous êtes censé avancer.

35

MEHEN
La protection

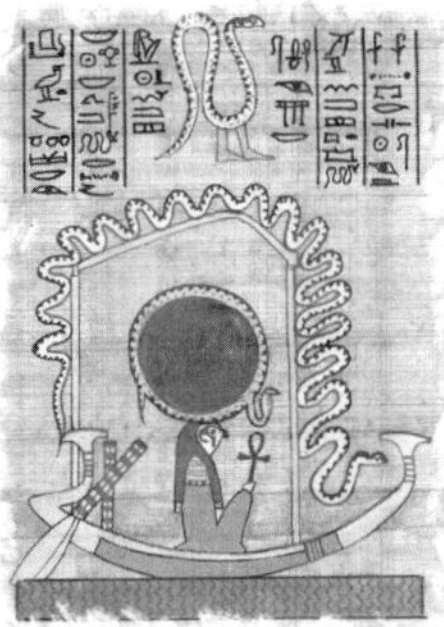

Mehen, dont le nom signifie « celui qui est enroulé », est un dieu-serpent bénéfique, le gardien de la barque solaire de Rê. Le Mehen sacré préserve le dieu Rê du serpent maléfique Apophis, au cours de ses voyages sur la barque solaire. S'il préserve soigneusement le voyage de Rê, c'est aussi pour lui permettre de renaître à chaque lever de soleil, et de vaincre la mort. Une période de conflit vous attend. Vous devrez vous battre, faire preuve de vigilance pour maintenir votre position, mais n'ayez crainte : la puissante énergie de Mehen vous assure une grande protection contre les attaques extérieures ainsi qu'une issue victorieuse et un grand soulagement.

36

NEFERTOUM
La complétude

Son nom signifie « parfait, sans égal ». Il est le dieu des parfums qui soulagent la souffrance, ainsi que le Dieu de l'immortalité. Il est représenté comme un jeune garçon vêtu simplement d'une jupe avec une fleur de lotus sur la tête, symbole de naissance de régénération, et pour cette raison, il est la divinité des « douces odeurs ». Il représente la fusion totale avec l'univers, la réussite suprême, la complétude, le triomphe dans les initiatives, la plénitude de ses énergies propres. Suivez les directions célestes, et la bonne récompense ainsi que la bonne place vous seront attribuées, dans une hiérarchie spirituelle supérieure. Rappelez-vous que l'initié est celui qui porte en lui la semence de la Lumière.

NOTES PERSONNELLES

NOTES PERSONNELLES

NOTES PERSONNELLES

....

....

....

....

....

....

....

....

....

....

....

NOTES PERSONNELLES

NOTES PERSONNELLES

. . . .

. . . .

. . . .

. . . .

. . . .

. . . .

. . . .

. . . .

. . . .

. . . .

. . . .